AF454491

JOSEPH BOSC,
ARTISTE MÉCANICIEN,

Reçu au bureau du point central des arts et métiers de Paris, et par le conseil des arts et manufactures, dirigé par le ministre de l'intérieur.

Tenant l'attelier national des forges, serrureries, et clouteries, dans la ci-devant maison nationale de la Trinité, à Toulouse.

AUX

CITOYENS REPRÉSENTANS DU PEUPLE,

COMPOSANT LE CORPS LÉGISLATIF.

LÉGISLATEURS,

Je réclame la faculté d'acquérir, sans concurrens, un bâtiment national, moins pour mon utilité particulière, que pour l'utilité générale de la République. Deux autres citoyens, en vertu d'une soumission nulle, et faite avec des valeurs illusoires, réclament ce même bâtiment pour leur intérêt personnel, et sans qu'il doive en provenir aucun avantage pour la société. Le résultat d'une pareille lutte pourroit-il être douteux?

A

Ces deux réclamations vous sont connues; elles ont été plusieurs fois l'objet de vos discussions : mais la multiplicité de vos travaux peut vous les avoir fait perdre de vue. Permettez-moi donc de vous en présenter l'analyse.

Personne n'ignore qu'au commencement de la guerre avec l'Espagne, les deux armées des Pyrénées étoient dans un dénuement absolu. Elles avoient surtout le plus urgent besoin d'une immense quantité d'ouvrages d'artillerie : j'offris d'y pourvoir. Un Représentant du peuple, en mission, accepta mes offres, et mit, en conséquence, à ma disposition, le bâtimens d'un ci-devant couvent de la Trinité, situé à Toulouse. J'y établis mes usines ; je remplis mes promesses ; et j'ai l'orgueil d'ajouter que le salut du midi fut dû, en grande partie, à l'activité de mes forges.

Dès que la loi du 28 ventose, an 4, eût été publiée à Toulouse, je soumissionnai ce bâtiment : mais les administrateurs du département, ayant décidé qu'il se trouvoit compris dans la disposition qui excepte de la vente les objets affectés à un service public, je ne fis point la consignation prescrite, et ne donnai aucune suite à ma soumission. Cependant, deux mois et demi après, ces mêmes administrateurs accueillirent la soumission des citoyens Belon et Carré.

Je m'adressai au Ministre des finances, qui, par une lettre du 6 thermidor, an 4, ordonna aux administrateurs de suspendre l'adjudication : un de ses principaux motifs étoit fondé sur l'arrêté du Représentant du peuple , qui avoit affecté la maison de la Trinité à mon établissement , et qui devoit avoir son effet tant qu'il n'auroit pas été rapporté par une loi.

Alors Belon et Carré s'adressèrent au corps législatif , et demandèrent qu'il fût enjoint à l'administration départementale de procéder à la vente en vertu de leur soumission.

De mon côté , je présentai une pétition par laquelle je réclamois , pour mon établissement , la maison dont il s'agit : elle fut renvoyée à la commission chargée de faire un rapport sur celle de Belon et Carré.

Le 16 frimaire , an 5 , le Conseil des Cinq-Cents statua sur nos réclamations respectives.

D'un côté , il prit un arrêté portant que , pour les encouragemens , qu'il pouvoit être utile d'accorder à ma manufacture , je devois d'abord m'adresser au gouvernement.

D'un autre , il prit une résolution convertie en loi , le 9 prairial dernier ; cette loi est conçue dans les termes suivans :

„ ART. Ier. L'arrêté du Représentant du peuple „ Paganel , du 29 nivose , an 2 , par lequel l'usage du „ local du ci-devant couvent de la Trinité à Toulouse , „ a été accordé au citoyen Bosc , est rapporté.

„ II. Le Directoire exécutif est chargé de faire „ mettre ce bâtiment en vente , à l'enchére , confor- „ mément aux lois „ .

Lorsque cette loi n'existoit encore qu'à titre de résolution , et dès le premier germinal , le Directoire exécutif fit, au Conseil des Cinq-Cents, un message, par lequel il lui expose que " mon établissement „ donne les plus belles espérances; qu'il est important „ de le favoriser; que l'encourageusement le moins „ onéreux à la nation, et le plus utile à l'entreprise „ même, puisqu'autrement elle ne pourroit se déve- „ lopper avec avantage, est la concession du local „ (du ci-devant couvent de la Trinité) où le citoyen „ Bosc a formé son établissement, ainsi que du ter- „ rein accessoire qu'il sollicite. „ Cet accessoire est un lopin de terrein vague, situé dans la même commune au-dessus de l'hospice de la Grave, sur les bords de la Garonne.

Le 23 germinal, la commission chargée d'examiner ce message, fit son rapport par l'organe du Représentant du peuple Desmolin, et présenta un projet de résolution qui tend à ce que le Directoire exécutif soit autorisé à faire procéder en ma faveur à la vente du bâtiment et du terrein dont il s'agit, aux charges et conditions dont je parlerai ci-après.

Le Conseil des Cinq-Cents ajourna la discussion de ce projet à une époque où celui des Anciens auroit prononcé sur la résolution du 16 frimaire.

J'ai déja dit que cette résolution du 16 frimaire fut approuvée le 9 prairial, par le Conseil des Anciens. J'ajoute que, le 22 de ce dernier mois, le Ministre des finances écrivit à l'administration départementale que, jusqu'à ce que la discussion du projet présenté, au nom d'une commission, par le représentant Desmolin , ait été reprise , et qu'il ait été définitivement statué sur le mode d'aliéner la maison de la Trinité , il convient de surseoir à toute mesure qui auroit pour objet la vente de ce bâtiment.

Enfin Belon et Carré ont adressé au Conseil des Cinq - Cents une nouvelle pétition, par laquelle ils prétendent que la loi particuliere du 9 prairial ne présente, que par induction , la nullité de leur soumission; qu'elle est vague, ambigue, et qu'il faut lui donner une interprétation conforme à leur systême.

Tel est l'état actuel des choses.

Selon Belon et Carré, la loi du 9 prairial est obscure : selon eux encore , le sens qu'elle présente, porte une funeste atteinte à la confiance que les acquéreurs de biens nationaux doivent avoir dans l'exécution des lois relatives à la vente de ces biens.

Où est donc cette obscurité? où est cette atteinte?

Les lois des 28 ventose et 6 floréal , an 4 , en autorisant la vente des biens nationaux par la voie des soumissions, en exceptoient· *les maisons et édifices destinés par la loi à un service public* : or, il existe plusieurs décrets de la Convention nationale, portant que les arrêtés des Représentans du peuple en mission auroient force de loi , tant qu'ils ne seroient pas nommément rapportés par un décret contraire ; et le Corps législatif venoit lui-même de consacrer ce principe par une loi spéciale (1), quand il émit les lois des 28 ventose

______

(1) Voyez la loi du 25 ventose , an 4 , qui *détermine la manière dont il sera procédé sur les réclamations relatives aux arrêtés des Représentans du peuple en mission.*

et 6 floréal. Il est donc constant que la maison de la Trinité n'étoit pas susceptible d'être soumissionnée, puisqu'un arrêté pris par un Représentant du peuple en mission, et non rapporté à l'époque de la soumission faite par Belon et Carré, l'avoit *destinée à un service public*, au service du parc d'artillerie établi à Toulouse.

Mais, disent Belon et Carré dans leur nouvelle pétition, cet arrêté n'ayant point annullé le bail en vertu duquel nous jouissions et jouissons encore de la maison de la Trinité par nous soumissionnée, n'a pu et ne peut s'appliquer à cette maison, mais seulement aux objets dont Bosc a pris possession.

Quelle misérable subtilité!

Il est vrai que, grâces à ses liaisons intimes avec les plus forcénés révolutionnaires de Toulouse, Carré s'étoit fait adjuger pour 300 livres le bail de la maison de la Trinité, qui devoit produire 2400 livres au moins; il est vrai qu'il étoit même parvenu à se faire affranchir de toutes les charges de cette maison, qui forment un objet d'environ 600 livres; il est vrai qu'il y avoit établi une pension qui, avec lui et sa famille, en occupoit la plus grande partie; qu'il avoit sous-loué le reste à différens particuliers pour une somme totale d'environ 600 livres, et qu'il forçoit les sous-locataires à le payer en numéraire, tandis qu'il ne payoit le prix de son bail à la nation qu'en papier-monnoie; il est vrai enfin, et la chose est assez claire, qu'il ne figuroit pas mal jusques-là parmi les spéculateurs révolutionnaires qui s'enrichissoient aux dépens de la fortune publique.

Mais n'est-il pas vrai aussi que l'arrêté du Représentant Paganel mit la maison entière à ma disposition pour y former un établissement destiné au service public; qu'il n'en excepta aucune partie; que le bail consenti à Carré se trouva par cela même anéanti; qu'en effet, les sous-locataires furent obligés d'évacuer la partie qui les concernoit; et que, si je cédai aux sollicitations de Carré pour le laisser dans celle qu'il occupoit avec sa pension, ce fut par simple condescendance, et parce que, dans ces temps déplorables, il eût été dangereux pour moi de ne pas ménager un grand agent de la terreur?

Belon et Carré voudroient trouver dans la loi du 9 prairial, un effet rétroactif en leur faveur; ils voudroient y trouver que l'annullation de l'arrêté de Paganel, prononcée par cette loi, est censée remonter à une époque antérieure à leur soumission; et c'est dans ce sens qu'ils demandent l'explication de la loi : mais cette explication seroit destructive de la loi elle-même, ainsi que des principes les plus constans; elle seroit destructive des principes : car j'ai déja établi que l'arrêté dont il s'agit avoit force de loi, et que, comme toute autre loi, il a dû avoir son effet jusqu'à l'époque où il a été rapporté. Elle seroit destructive de la loi du 9 prairial elle-même : car, quel étoit l'objet de cette loi? il consistoit uniquement à prononcer sur la prétention de Belon et Carré qui réclamoient l'adjudication *de la partie du bâtiment soumissionnée par eux*, et à lever l'obstacle qui empêchoit la vente de la totalité du bâtiment: or, en levant

cet obstacle, fondé sur l'arrêté du représentant Paganel, la loi a ordonné an Directoire de faire vendre
le bâtiment à l'enchère. Elle a donc reconnu que
cet arrêté avoit eu son effet jusqu'au moment où
elle l'a rapporté ; elle a donc reconnu qu'il avoit été
un obstacle à la sonmission ou à la vente du bâtiment par lui affecté à un service public ; elle 'l'a
tellement reconnu qu'elle a senti la nécessité de s'ex-
pliquer, pour l'avenir, sur l'aniénabilité du bâtiment : et voilà pourquoi cette loi, rédigée dans un
temps où les biens nationaux ne pouvoient plus se
vendre par la voie extraordinaire des soumissions
introduite par les lois des 28 ventose et 6 floréal,
a declaré que le bâtiment de la Trinité devoit être
vendu par la voie extraordinaire des enchères , ré-
tablie par une loi postérieure.

Eh ! l'on s'avise de prétendre que la loi du 9
prairial ne prononce pas manifestement la nullité
de la soumission dont il s'agit ! que faut-il donc
pour qu'une loi soit claire ?

Eh ! l'on a le front d'invoquer la garantie promise
par les lois aux acquéreurs de biens nationaux ! oui,
sans doute, il faut la respecter cette garantie à l'é-
gard de ceux qui ont droit de la réclamer : mais
quel est ici le droit de Belon et Carré ? leur prétention est proscrite par les lois mêmes qu'ils in-
voquent : ils n'ont d'autre titre que leur cupidité.

Législateurs, le bâtiment dont il s'agit, est encore national ; il est tout entier à votre disposition.

Le ferez-vous vendre à l'enchère, ainsi que le porte la loi du 9 prairial? ou ne jugerez-vous pas plus utile de m'en assurer la propriété pour y exécuter mon nouveau plan de manufacture, en ordonnant qu'il me soit vendu aux charges et conditions déterminées dans le projet de résolution du 23 germinal dernier? voilà l'unique question qui doive vous occuper à l'égard de ce bâtiment.

Daignez considérer les avantages que promet à la République l'exécution de mon projet. Ils ont été reconnus par les autorités constituées des lieux, par l'ingénieur en chef de Toulouse, et par le conseil d'administration de l'arsenal qui s'y trouve établi. Ils ont été reconnus par le Ministre des finances et par l'ancien Ministre de l'intérieur, Benezech, d'après l'examen qu'ils en firent faire par le point central des arts et métiers, séant au palais du Muséum. Ils sont retracés dans le message du Directoire exécutif, du premier germinal dernier, et dissertement développés dans le rapport fait sur ce message au conseil des Cinq-Cents, le 23 du même mois.

Depuis cette époque, mes plans furent de nouveau soumis à l'examen du point central des arts et métiers, qui nomma une commission pour cet effet. La commission fit son rapport dans une séance extraordinaire du 16 messidor dernier. Voici comment le rapporteur s'exprime sur la nature et les avantages de mon projet :

'« Le citoyen Bosc a disposé dans une maison
„ nationale , dite la Trinité, et projetté dans une
„ partie de terrein adjacente aux fossés de Tou-
„ louse, des attelliers pour fabriquer tous les ins-
„ trumens en fer et acier , que nous tirons de l'Al-
„ lemagne, soit pour le labour et les manufactures,
„ soit pour l'artillerie et la marine; il y ajoute une
„ manufacture de tôle , qui tend à nous rédimer
„ du tribut que nous payons à cet égard à la Suède
„ et au Danemarck. Enfin , il fabriquera tous ces
„ menus ouvrages en acier , que l'Angleterre s'est
„ mis en possession de nous fournir depuis trop
„ long-temps et avec trop d'avantages.

„ L'habileté de Bosc, dans son art, vous est, depuis
„ long-temps, connue. Son zèle pour les inventions,
„ son ardeur à reculer les bornes de son art, ont été
„ souvent le sujet de vos éloges et de vos encourage-
„ mens.....

„ Nous sommes entrés dans les détails de ses opé-
„ rations; qui nous ont tous présenté des résultats
„ satisfaisans, et dont *nous pouvons* garantir le succès·
„ Nous avons examiné le modèle de l'attelier qu'il
„ se propose d'établir attenant au mur de Toulouse;
„ et nous avons vu que, par le moyen d'un pied
„ cube d'eau prise et rendue presqu'aussitôt à la chaus-
„ sée du Basacle, il active , par une forge de trombe,
„ dix ouvriers, et par une roue, dix martinets qui
„ y correspondent. La disposition de ce martelage
„ nous a présenté deux choses d'un mérite nouveau

„ et essentiel ; la premiere est la facilité qu'on a d'y
„ changer à volonté les matrices, ensorte que l'estam-
„ pillage de plusieurs pièces différentes peut se faire
„ alternativement sous le même mouvement (1) ; la se-
„ conde est la combinaison des travaux, qui est telle,
„ qu'il est impossible aux ouvriers mêmes de s'en dis-
„ traire, quand une fois ils sont en activité ; et ces
„ deux dispositions du grand attelier de Bosc, sont
„ deux objets d'industrie *absolument nouveaux en*
„ *France*.......

„ La ville de Toulouse qui a un besoin instant
„ d'être ravivée, présente beaucoup de ressources
„ pour le commerce, si on l'y encourage. Le genre
„ d'industrie que veut y établir Bosc, est un de ceux
„ qui conviennent le plus à sa localité ; les objets qui
„ y seront manufacturés, y auront un débouché fa-
„ cile, très-étendu, et peu frayeux, Toulouse com-
„ muniquant aux deux mers par un canal et par la Ga-
„ ronne.

„ Les matières premieres s'y trouvent en abon-
„ dance ; ce département, ainsi que les départe-

______

(1) Une seule forge suffit pour l'exécution de mon plan ;
et le travail que cinquante hommes peuvent faire à peine par
les procédés ordinaires, dix hommes seulement le feront avec
facilité. J'ajoute que le fer qui, dans la clouterie, ne perd
jamais moins de quarante-cinq livres par cent, n'en perdra que
quatre ou cinq, au plus, et qu'il y aura une économie propor-
tionnelle de charbon et de temps.

„ mens environnans, étant rempli de mines de fer,
„ dont plusieurs sont en exploitation, et dont d'autres
„ n'attendent, pour être exploitées, que le débouché
„ de quelque manufacture qui en emploie les pro-
„ duits.

„ Telle est la situation, tel est le but, tel est le
„ mérite de l'établissement du citoyen Bosc : sa situa-
„ tion présente les avantages les mieux combinés,
„ soit pour l'aliment des matieres premieres, soit
„ pour faire circuler ses produits : son but est de
„ nous affranchir, en ravivant le travail utile des
„ mines, de plusieurs tributs d'industrie que nous
„ payons à l'étranger : son mérite est de nous en-
„ richir de plusieurs moyens nouveaux de méca-
„ nique et d'industrie. „

Législateurs, le modèle de mon plan est sous
vos yeux; il est exposé au vestibule de la salle du
Conseil des Cinq-Cents. Veuillez l'examiner par
vous-mêmes : veuillez en considérer l'invention, les
ressorts et les mouvemens; et vous serez convain-
cus de l'étonnante et utile activité qu'il promet dans
son exécution : j'y suis présent, et prêt à répondre
à toutes les questions que vous daignerez me faire.

Législateurs, si, comme dans mes précédentes
pétitions, je réclamois pour un tel établissement la
concession gratuite du bâtiment dont il s'agit, je
dirois avec la commission du point central : " Sans
„ doute que le Corps législatif ne balancera point
„ l'établissement d'une manufacture importante avec

„ une misérable somme d'argent; ou du moins les
„ intérêts bien entendus de la patrie feront pencher
„ la balance vers un puissant principe politique,
„ plutôt que vers un vil principe fiscal : car, si la
„ fiscalité réclame pour le trésor public une foible
„ somme une fois payée, la politique réclame pour
„ l'opulence nationale une branche de commerce
„ qui deviendra une source continuelle de richesses. „

Mais, quoique j'aie déja épuisé ma fortune pour
arriver au point où j'ai conduit mon entreprise, ce
n'est plus la concession du bâtiment que je réclame :
je demande seulement que vous adoptiez le projet
de résolution du 23 germinal : que vous propose la
commission qui vous l'a présenté? d'autoriser le Directoire exécutif à faire procéder en ma faveur à la
vente du bâtiment de la Trinité , et du lopin de
terrein vague, dont j'ai dèja parlé; d'ordonner que
ces objets soient préalablement estimés par des ex-
perts; que le prix en soit payé en dix ans, savoir,
un quinzième dans chacune des premières années,
et deux quinzièmes dans chacune des cinq der-
nières; que je sois tenu de construire *à mes frais*,
sur l'un de ces locaux, un attelier où seront fabriqués, au moyen de martinets, toutes sortes d'ouvrages en fer et tôle, pour la marine, les armées de
terre, le commerce et l'agriculture, de former et entretenir dans l'autre local l'attelier secondaire pour
perfectionner les ouvrages; le tout conformément à
mes soumissions, et aux plans que j'en ai présentés;

qu'enfin les deux atteliers soient en pleine activité dans un an, sous peine de déchéance.

Parmi mes soumissions mentionnées dans ce projet de résolution, est l'offre de fournir au gouvernement toutes les marchandises de l'attelier à 15 pour 100 de rabais au - dessous du cours et de prendre avec moi, entretenir et former à mon état, chaque année, six enfans de la patrie; le tout gratuitement.

Ce projet ne présente aucun sacrifice réel pour la nation. Il en résulte seulement que je serai sans concurrens pour l'acquisition des immeubles dont il s'agit, et que j'aurai la facilité, ou pour mieux dire, la possibilité d'en payer le prix.

Je conviens que ce mode d'aliénation est contraire à celui qui se trouve prescrit par les lois existantes : mais si vous reconnoissez l'utilité de mon établissement, et si ces immeubles me sont absolument nécessaires pour le former, pourriez - vous hésiter de m'accorder une exception commandée par l'intérêt national ? Vous avez accordé des exceptions de cette nature dans des cas moins favorables : témoin, entr'autres, la loi du 10 fructidor, an 4, qui " autorise „ le Directoire à délaisser au citoyen Drosse, en „ paiement de ses découvertes, avances et travaux „ relatifs à la fabrication des monnoies, la maison „ provenante de l'émigré Robert Saint-Vincent, située „ à Paris; et ordonne que le délaissement de cette „ propriété nationale sera précédé d'une estimation „ rigoureuse, à l'effet de déterminer si la valeur de

„ la maison excède ou est inférieure à ce qui est dû
„ au citoyen Drosse, et de mettre le Directoire à
„ même d'acquitter au juste la somme à laquelle il
„ a fixé l'indemnité. „

Des hommes intéressés à me faire refuser la maison de la Trinité, et à faire prévaloir la prétendue soumission qui en avoit été faite, ont dit et fait dire que cette maison est située au centre de la ville ; que, sous ce premier rapport, elle ne convient point à mon établissement, dont le bruit et le fracas blesseroient la tranquillité des voisins ; qu'elle est à une certaine distance de la rivière, et que, sous ce second rapport, elle n'est ni nécessaire, ni convenable à mon établissement qui, par sa nature, doit être placé très-près de l'eau.

Je réponds d'abord que mes martinets, avec tout l'appareil, soit principal, soit accessoire, de mon établissement, ont été long-temps en activité dans cette maison, et qu'on ne s'en est jamais plaint.

Je réponds ensuite que l'exécution de mon nouveau plan exige deux atteliers ; l'un, et c'est l'attelier principal, sera placé sur le lopin de terrein vague que je demande aussi d'acquérir, et qui est précisément situé sur les bords de la Garonne : là seront les martinets ; là seulement se feront entendre ce bruit et ce fracas qu'on allègue, et dont on n'a d'ailleurs parlé que depuis la soumission faite par Belon et Carré.

L'autre attelier qui n'est que secondaire, restera placé sur le local de la Trinité ; c'est-là que les ouvrages recevront la dernière main : ils n'y seront plus fabriqués; on n'y fera que leur donner le poli, le fini dont ils seront susceptibles. J'y ai déja fait toutes les constructions né-cessaires; j'ai sacrifié toute ma fortune pour y mettre cet attelier en activité : me condamner à le transporter ailleurs, ce seroit me réduire à l'impossibilité absolue de continuer mon entreprise.

Ces considérations ont fortement frappé la commis-sion du point central des arts et métiers; après avoir parlé, dans son rapport du 16 messidor dernier, de l'attelier qui doit être placé sur les bords de la rivière, elle continue ainsi : " A cet attelier premier est ajouté, ,, dans le bâtiment de la Trinité, un grand attelier de ,, perfectionnement sans lequel le premier attelier ne ,, seroit d'aucun produit et d'aucun effet; le premier ,, attelier, pour donner au fer et à l'acier les formes; ,, le second, pour achever et pour préciser les pièces ; ,, l'un est inséparable de l'autre........ Le succès de l'en-,, treprise du citoyen Bosc tient à ce que la conces-,, sion (1) de la maison de la Trinité et du local de son ,, grand attelier lui soit continuée : sans ce secours ,, non-seulement il ne pourroit effectuer son entre-,, prise; mais il auroit perdu tous ses travaux passés ,, et toute sa fortune consommée dans les atteliers pré-,, liminaires qu'il a déja montés dans ce local, dans ,, la juste persuasion qu'il ne lui seroit jamais retiré.

Non content de préparer l'anéantissement total

---

(1) Il n'est plus question de concéder, mais de vendre.

de ma fortune en cherchant à se faire adjuger au plus vil prix le local de la Trinité, Carré a voulu m'enlever ma réputation, mon honneur : dans lespoir, sans doute, de rendre ma cause défavorable ; il m'a peint comme un de ces hommes atrocement révolutionnaires, qui ont couvert la France de ruines et de cadavres ; et c'est Carré qui a eu le front de me dénoncer ainsi à l'opinion publique, non pas ouvertement ou dans ses écrits, mais sourdement et à voix basse ! lui qui, dans le cours de la révolution, n'a jamais su montrer aucun caractère, mais qui s'est successivement vendu à tous les partis, tour-à-tour aristocrate et patriote, royaliste et terroriste forcené, selon les circonstances et ses vues d'intérêt personnel ! lui qui, pendant le régime de la terreur, et sous le titre de professeur d'éloquence, n'enseignoit, en effet, que les maximes les plus désorganisatrices ! lui qui afficha l'ambition d'être le Cicéron et le Tyrtée de l'anarchie, faisant, en prose et en vers, l'apologie des clubs, des comités, tribunaux et armées révolutionnaires ! lui qui doit notamment sa réputation à une ode dans laquelle il préconisoit Marat et ses vertus ! lui qui est, dans ce moment encore, ou du moins a été, jusqu'à son arrivée récente à Paris, le digne collaborateur d'un journal *Bavouviste*, qui s'imprime à Toulouse, sous le titre d'*Observateur* !

Voilà quel est l'homme qui s'attache journellement à répandre contre moi des préventions odieuses ! voilà comment ces révolutionnaires effrénés, depuis qu'ils ne peuvent plus immoler à leur gré l'honnête homme dont ils ont intérêt de se débarrasser, cherchent du moins à le noircir de leurs propres crimes!

Que mon dénonciateur cite de moi, je ne dis pas une action, mais une parole qui blesse la justice, la probité, la délicatesse! On sait à Toulouse, et il n'ignore pas que, dans le cours de l'an 2, et pendant qu'il y régnoit avec les agens de la terreur, je fus frappé d'un mandat d'arrêt par le comité révolutionnaire, obligé de me tenir caché pendant deux mois environ, que je ne dus ma liberté qu'au besoin qu'on avoit de mon art et des mes travaux pour les armées des Pyrénées, et que je ne l'obtins même que sous la condition de me présenter chaque jour à ce féroce comité.

J'aime la liberté; mais j'ai toujours abhorré les brigands et les assassins qui l'ont souillée. J'aime la liberté; mais je ne la veux qu'avec la constitution de l'an 3; et, s'il le faut, je ne serai pas le dernier à exposer ma vie pour la défendre contre les attaques de ces artisans perpétuels d'anarchie, qui travaillent sourdement, et déjà même à découvert, à rouvrir le révolutionnaire et vaste tombeau de la France; et c'est précisément parce que mes principes politiques et ceux de Carré sont bien connus à Toulouse, que les anarchistes de de cette ville (1) n'ont cessé de traverser mes récla-

____

(1) Parmi eux figure un des premiers commis de l'administration centrale, Gaubert, le proche parent, l'intime ami de Vadier.

mations sur le bâtimens de la Trinité, et de protéger de tout leur crédit les prétentions de l'apologiste de leurs crimes.

Législateurs, en m'assurant, pour l'un de mes atteliers, ce bâtiment sans lequel je suis rigoureusement forcé d'abandonner mon entreprise, vous mettrez un artiste honnête et vertueux en mesure d'être essentiellement utile à sa patrie ; et il consacrera tout son tems, toute son existence à la gloire de remplir ses promesses, et les espérances que vous aurez daigné fonder sur ses travaux.

Nota. Carré ne poursuit avec tant d'acharnement l'adjudication de la maison de la Trinité, que pour en faire un objet d'agiotage : car il n'en a nul besoin, ni pour lui, ni pour sa pension ; il a eu le secret de se faire donner gratuitement la jouissance du ci - devant collége Royal, qui renferme des bâtimens immenses.

JOSEPH BOSC, artiste.

MAILHE, défenseur officieux
au tribunal de cassation.

A Paris, de l'Imprimerie de J. F. SOBRY, rue du Bacq, n°. 149.